Stories in easy Spanish
Level A1-A2 - Book 2
- WITH AUDIO -

Created for learners of Spanish as a foreign language

Download your audio:

Step 1: Go to Esidioma.com/extras

Step 2: Use the following code:

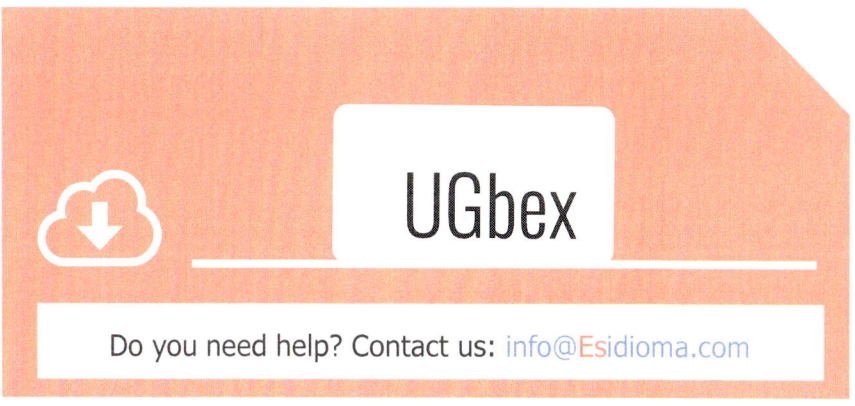

Ugbex

Do you need help? Contact us: info@Esidioma.com

Esidioma

esidioma.com

Índice

esidioma.com

Learn Spanish with us!
If you want to improve your language skills,
we have all you need

Copyright © Esidioma
Texts: José Antonio Santiago
Design: Esidioma Team
Images: pexels.com
ISBN - 978-84-16971-81-7
Legal Deposit - AS 02215-2024

El caballo egoísta
The selfish horse

Vocabulario

1. egoísta	selfish
2. caballo	horse
3. burro	donkey
4. camino	road, path
5. dueño	owner
6. caminar	to walk
7. sal	salt
8. harina	flour
9. patatas	potatoes
10. rápido	fast
11. pesado	heavy
12. saco	bag, sack
13. cansado	tired
14. ayudar	to help
15. gritar	to yell, to shout
16. trabajo	work, job
17. fuerte	strong
18. me duele la espalada	my back hurts
19. piedra	stone
20. tropezar	to trip, to stumble
21. caer	to fall
22. levantarse	to get up
23. tonto	stupid
24. nada	nothing
25. listo	smart

El caballo egoísta

Un burro y un caballo van por un camino. Su dueño camina detrás de ellos. Hace mucho calor. El burro camina despacio. Sobre su espalda, lleva sacos con sal, harina y patatas. El caballo camina rápido y no lleva nada. El burro mira al caballo y le dice:

—Ay, estos sacos pesan mucho. Estoy muy cansado. Ayúdame, por favor. Tú puedes llevar las patatas y yo llevaré la harina y la sal.

—¡Qué listo eres! —responde el caballo—. Eso no es mi trabajo. ¿Por qué tengo que ayudarte? Tú eres fuerte. Puedes llevarlo todo sin problema.

The selfish horse

A donkey and a horse are going along a road. Their owner walks behind them. It's very hot. The donkey walks slowly. On his back, he carries sacks with salt, flour and potatoes. The horse walks fast and carries nothing. The donkey looks at the horse and says:

"Oh, these bags are heavy. I'm exhausted. Please help me. You can carry the potatoes, and I'll carry the flour and salt."

"How smart of you!" the horse replies. "That's not my job. Why do I have to help you? You are strong. You can carry everything without any problem."

El burro no dice nada. Está muy cansado y le duele la espalda. Media hora más tarde, el burro pregunta de nuevo:

—Caballo, eres mi amigo. Tienes que ayudarme. ¿Qué puedes coger? ¿La harina, la sal o las patatas? Solo una cosa. Yo llevo el resto. Ayúdame, por favor. Yo no puedo llevarlo todo.

—Por supuesto que puedes —responde el caballo—. Eso es tu trabajo. Como ves, nuestro dueño me quiere mucho. Por eso, no me da sacos pesados.

El burro camina en silencio. Sabe que el caballo no dice la verdad. El dueño ha trabajado todo el día y está muy cansado. Por eso, no ve que el caballo no lleva nada. Y el pobre burro decide no hablar más con el caballo.

The donkey doesn't say anything. He is very tired, and his back hurts. Half an hour later, the donkey asks again:

"Horse, you are my friend. You have to help me. What can you take? The flour, the salt or the potatoes? Just one thing. I'll carry the rest. Please help me. I can't carry it all."

"Of course, you can," the horse replies. "That's your job. As you can see, our owner loves me very much. That's why he doesn't give me heavy sacks."

The donkey walks on in silence. He knows that the horse is not telling the truth. The owner has worked all day and is very tired. That's why he doesn't see that the horse isn't carrying anything. And the poor donkey decides not to talk to the horse anymore.

En el camino hay una piedra. El burro está muy cansado y no la ve. Tropieza con la piedra y cae al suelo. No puede levantarse. El dueño corre hacia el burro.

—¡Burro! —grita el hombre—. ¡Ay, pobre burro! Mira cuántos sacos tienes en la espalda. Estás cansado y casi no puedes caminar. Y tú, caballo, ¿por qué no ayudas a tu amigo?

El dueño coge todos los sacos y los pone encima del caballo. El caballo empieza a caminar.

—¡Ay, Qué tonto he sido! —piensa el caballo—. Antes, no quise coger ningún saco y ahora lo llevo todo: la harina, la sal y las patatas.

On the road, there's a stone. The donkey is very tired, and doesn't see it. He trips over the stone and falls to the ground. He can't get up. The owner runs to the donkey.

"Donkey!" the man yells. "Oh, poor donkey! Look how many sacks you have on your back. You are tired and can hardly walk. And you, horse, why don't you help your friend?"

The owner takes all the sacks and puts them on the horse. The horse starts walking.

"Oh, what a fool I have been!" the horse thinks. "Before, I didn't want to take any sacks, and now I carry everything: the flour, the salt and the potatoes."

Ejercicios

---

1 ¿Verdadero (V) o falso (F)?
True or false?

1. El burro va despacio.
2. El burro lleva sal y harina, y el caballo lleva patatas.
3. El caballo quiere ayudar al burro.
4. El burro es muy fuerte y puede llevarlo todo sin problema.
5. El dueño no ve que el caballo no lleva nada.
6. El caballo piensa que el dueño no le da sacos pesados, porque lo quiere mucho.

2 Escoge la respuesta correcta
Choose the correct answer

1. ¿Quién lleva los sacos?
   a) el dueño b) el caballo c) el burro
2. ¿Quién no quiere ayudar?
   a) el dueño b) el caballo c) el burro
3. ¿Qué hace al dueño?
   a) llevarlo todo b) hablar con el caballo c) caminar al lado
4. ¿Qué dice el caballo?
   a) "No es mi trabajo" b) "Tengo que ayudarte"
   c) "Puedo llevarlo todo sin problema"
5. ¿Qué hay en el camino?
   a) unos sacos b) una piedra c) un árbol

3 Completa las frases con las siguientes palabras:
Complete the sentences using the following words:

nada / camino / otro / verdad /
dificultad / tropieza

1. Un burro y un caballo van por un _____ .
2. El caballo va rápido y no lleva _____ .
3. El burro _____ con la piedra.
4. Nos tenemos que ayudar el uno al _____ .
5. El burro respira con _____ .
6. El burro sabe que el caballo no dice la _____ .

4 Combina las columnas:
Combine both columns:

1. Hace mucho   a. pesan mucho
2. Los sacos   b. al suelo
3. El burro no puede   c. cansado
4. El burro cae   d. calor
5. El dueño está   e. en la espalda
6. El burro tiene muchos sacos   f. llevarlo todo

Soluciones

Ejercicio 1: 1-V, 2-F, 3-F, 4-F, 5-V, 6-V
Ejercicio 2: 1-c, 2-b, 3-c, 4-a, 5-b
Ejercicio 3: 1-camino, 2-nada, 3-tropieza, 4-otro,
5-dificultad, 6-verdad
Ejercicio 4: 1-d, 2-a, 3-f, 4-b, 5-c, 6-e

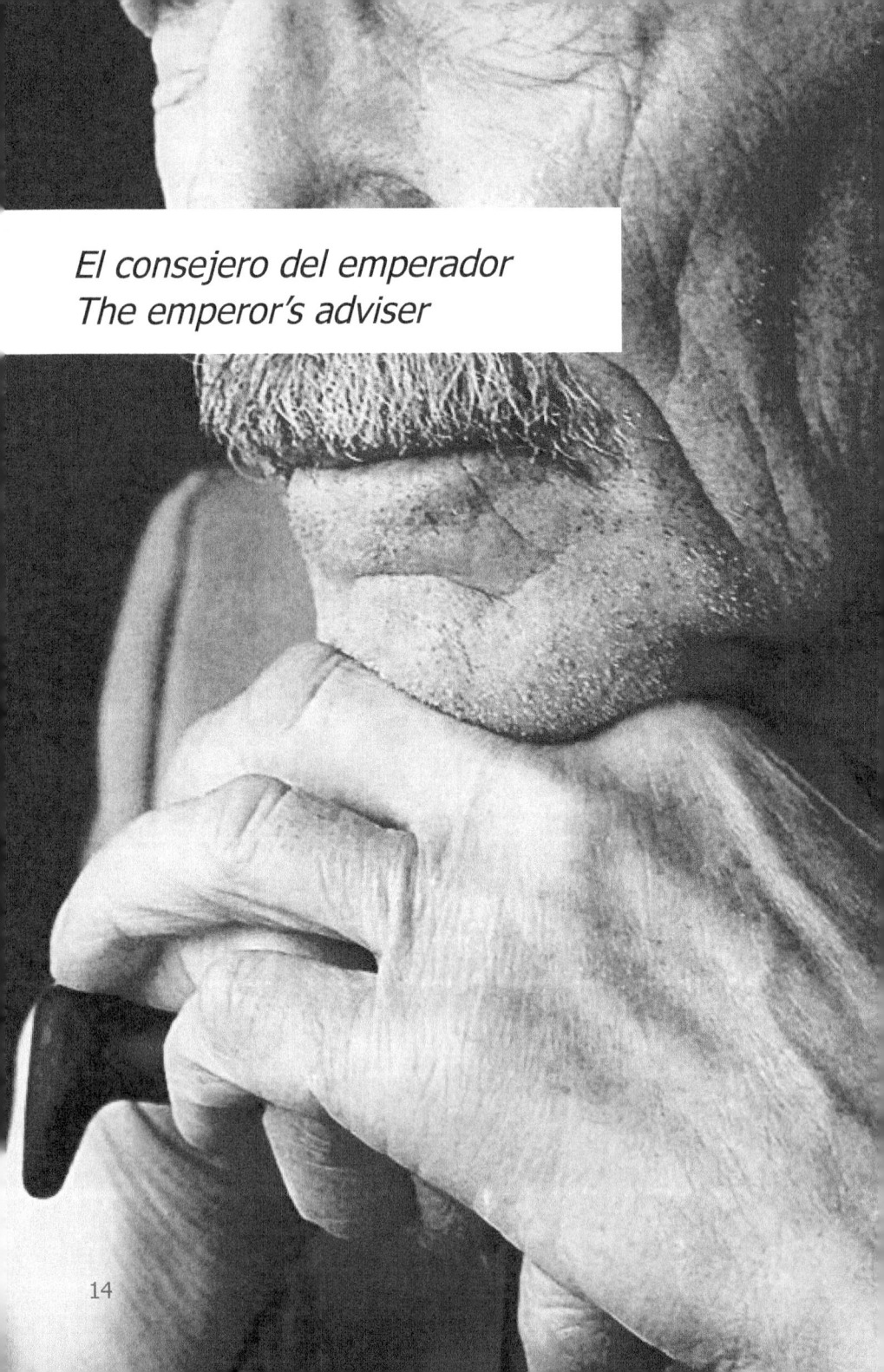

El consejero del emperador
The emperor's adviser

Vocabulario

1.	lugar	place
2.	sencillo	modest, simple
3.	amable	friendly
4.	país	country
5.	ocupado	busy
6.	respuesta	answer
7.	barco	ship
8.	puerto	port
9.	inmediatamente	immediately
10.	contar	to count
11.	acercarse	to approach
12.	estar seguro	to be sure
13.	sorprendido	surprised
14.	demasiado	too, too much
15.	empezar	to begin
16.	pensar	to think
17.	paloma	pigeon, dove
18.	verdad	truth
19.	mandar	to send
20.	resultado	result
21.	invitado	guest
22.	extranjero	foreign
23.	estar de vacaciones	to be on vacation, to be on holiday
24.	astuto	cunning, clever
25.	sonrisa	smile

El consejero del emperador

En un lugar muy lejano, en medio del océano, hay una pequeña isla. La gente que vive allí es sencilla y amable. Este pequeño país tiene un emperador. Es un hombre muy ocupado. Cada día, toma decisiones sobre temas importantes. A veces, pide ayuda a su consejero porque es muy sabio. Siempre sabe la respuesta a cualquier pregunta.

—Mi querido consejero, ¿cuántos barcos hay ahora mismo en el puerto? —pregunta un día el emperador.

—Cincuenta barcos —responde inmediatamente el consejero—. Diez barcos de Japón, quince de España, catorce de Australia y once de Italia.

The emperor's adviser

In a very distant place, in the middle of the ocean, there is a small island. The people who live there are modest and friendly. This small country has an emperor. He's a very busy man. Every day, he makes decisions on important issues. Sometimes, he asks his adviser for help because he's very wise. He always knows the answer to any question.

"My dear adviser, how many ships are there at the port right now?" the emperor asks one day.

"Fifty ships," the adviser answers immediately. "Ten ships from Japan, fifteen from Spain, fourteen from Australia and eleven from Italy."

Entonces, el emperador va al puerto y cuenta todos los barcos. Como siempre, la información del consejero es correcta.

Al día siguiente, el emperador se acerca a su consejero y le pregunta:

—¿Y cuántos doctores tenemos en el país? —el emperador está seguro de que el consejero no sabe la respuesta correcta.

—En nuestro país hay cinco mil ciento noventa y ocho doctores —responde el consejero tranquilamente—. Ayer estuve en el hospital y vi esa información en unos documentos.

El emperador está muy sorprendido. "Es imposible. Mi consejero no puede saber la respuesta a todas mis preguntas" —piensa el emperador— "Tiene que haber una pregunta demasiado difícil incluso para él. ¿Qué le puedo preguntar?"

Then the emperor goes to the port and counts all the ships. As always, the adviser's information is correct.

The next day, the emperor approaches his adviser and asks:

"And how many doctors do we have in the country?" The emperor is sure that the adviser doesn't know the correct answer.

"In our country, there are five thousand one hundred and ninety-eight doctors," the adviser responds calmly. "Yesterday, I was at the hospital and saw that information in some documents."

The emperor is very surprised. "It's impossible. My adviser cannot know the answer to all my questions," the emperor thinks. "There must be a question which is too difficult even for him. What can I ask him?"

El emperador empieza a pensar. Finalmente, va a buscar a su consejero y le dice:

—Consejero, tengo una pregunta muy importante: ¿Sabes cuántas palomas hay en el país?

—Claro que lo sé —responde el consejero—. Cincuenta mil trescientas ochenta y seis palomas.

—¿Cómo puedo saber que dices la verdad? —pregunta el emperador.

El consejero responde:

—Hay una forma muy sencilla de saberlo. Mandamos a los soldados a contar todas las palomas. Si el resultado es mayor que cincuenta mil trescientos ochenta y seis, la explicación es muy simple: las palomas tienen invitados extranjeros. Si el resultado es menor, la explicación también es simple: algunas palomas están de vacaciones en otra isla.

—Qué astuto eres —dice el emperador con una sonrisa.

The emperor begins to think. Finally, he goes to find his adviser and tells him:

"Adviser, I have a very important question: Do you know how many pigeons there are in the country?"

"Of course I know," the adviser replies. "Fifty thousand three hundred and eighty-six pigeons."

"How can I know you're telling the truth?" the emperor asks.

The adviser replies:

"There's a very simple way to find out. We send the soldiers to count all the pigeons. If the result exceeds fifty thousand three hundred and eighty-six, the explanation is straightforward: the pigeons have foreign guests. If the result is lower, the reason is also simple: some pigeons are on vacation on another island.

"How cunning you are," says the emperor with a smile.

Ejercicios

----

1 ¿Verdadero (V) o falso (F)?
True or false?

1. El emperador toma decisiones sin ayuda de nadie.
2. El consejero sabe la respuesta a cualquier pregunta.
3. Los soldados van a contar los barcos en el puerto.
4. Hay 5198 doctores en el país y 50 barcos en el puerto.
5. El imperador quiere pensar una pregunta demasiado difícil para el consejero.
6. El consejero cuenta las palomas en toda la isla.

2 Escoge la respuesta correcta:
Choose the correct answer:

1. ¿Dónde está este pequeño país?
   a) en medio de la jungla b) en medio del océano
   c) en medio del desierto
2. ¿Quién sabe las respuestas a todas las preguntas?
   a) el consejero b) el imperador c) los soldados
3. ¿Cuántos barcos son de Australia?
   a) 11 b) 14 c) 15
4. ¿Dónde está la información sobre los doctores?
   a) en el puerto b) en otra isla c) en el hospital
5. ¿Quién puede contar las palomas?
   a) el consejero b) los soldados c) los invitados extranjeros

3 Completa las frases con las siguientes palabras:
Complete the sentences using the following words:

lejano / sabio / vacaciones / sencilla /
toma / correcta

1. El emperador pide ayuda al consejero porque es muy
_____ .

2. La información del consejero era _____ .

3. La gente que vive allí es _____ y amable.

4. En un lugar muy _____ hay una pequeña isla.

5. El emperador _____ decisiones sobre temas importantes.

6. Si el resultado es menor, las palomas están de _____ .

4 Combina las columnas:
Combine both columns:

1. En el puerto hay barcos de   a. ayuda
2. A veces el emperador pide   b. España
3. Las palomas tienen invitados   c. simple
4. El emperador está   d. extranjeros
5. La explicación es muy   e. sorprendido
6. Hay una forma sencilla de   f. saberlo

Soluciones

Ejercicios 1: 1-F, 2-V, 3-F, 4-V, 5-V, 6-F
Ejercicios 2: 1-b, 2-a, 3-b, 4-c, 5-b
Ejercicios 3: 1-sabio, 2-correcta, 3-sencilla, 4-lejano,
5-toma, 6-vacaciones
Ejercicios 4: 1-b, 2-a, 3-d, 4-e, 5-c, 6-f

La zorra y la fruta
The fox and the fruit

Vocabulario

1. bosque	forest
2. tener hambre	to be hungry
3. buscar	to look for
4. de repente	suddenly
5. árbol	tree
6. manzana	apple
7. pera	pear
8. naranja	orange
9. encontrar	to find
10. rama	branch
11. alto	high
12. saltar	to jump
13. coger	to get, to take, to pick
14. ácido	bitter
15. entender	to understand
16. sombra	shade
17. echarse a dormir	to go to sleep
18. descansar	to rest
19. soñar	to dream
20. despertarse	to wake up
21. pararse	to stop
22. alejarse	to go away
23. duro	hard
24. odiar	to hate
25. conseguir	to achieve

La zorra y la fruta

Una zorra pasea por el bosque. Tiene mucha hambre y está cansada. Busca algo para comer. De repente, ve muchos árboles con fruta. La zorra mira la fruta y piensa:

—¡Cuánta comida! Manzanas, peras, naranjas,... Nunca he visto tanta comida junta.

La zorra es muy inteligente. Sabe que comer fruta es bueno para la salud. La manzana es su fruta favorita. Así que, mira a su alrededor y encuentra un gran árbol lleno de manzanas. Las ramas están muy altas. La zorra empieza a saltar para coger una manzana. Salta, salta, y salta. Después de un rato, entiende que no puede saltar tan alto.

The fox and the fruit

A fox walks through the forest. She is very hungry and tired. She is looking for something to eat. Suddenly, she sees many fruit trees. The fox looks at the fruit and thinks:

"So much food! Apples, pears, oranges... I have never seen so much food in one place."

The fox is very smart. She knows that eating fruit is good for her health. The apple is her favourite fruit. So, she looks around and finds a big tree full of apples. The branches are very high. The fox starts jumping to get an apple. She jumps and jumps and jumps. After a while, she understands that she can't jump that high.

—No pasa nada —piensa la zorra.— La pera también es una fruta deliciosa y muy sana.

La zorra se acerca a un árbol con muchas peras. De nuevo empieza a saltar. Pero no puede coger ninguna pera. Entonces, la zorra va a un árbol lleno de naranjas. Pero ve que este árbol es más alto que los otros.

—Creo que estoy demasiado cansada. Por eso no puedo saltar tan alto. Debajo de este árbol hay sombra. Voy a dormir aquí un rato para descansar. Después, tendré más fuerza que antes y podré saltar más alto.

Hoy hace mucho calor. Debajo del árbol, la zorra está muy cómoda. Se echa a dormir y sueña con las manzanas, las peras y las naranjas. ¡Qué hambre tiene!

"It's okay," the fox thinks. "The pear is also a delicious and a very healthy fruit."

The fox approaches a tree with many pears. She starts jumping again. But she can't get any pears. So the fox goes to a tree full of oranges. But she sees that this tree is taller than the others.

"I think I'm too tired. That's why I can't jump that high. Under this tree, there's shade. I'm going to sleep here for a while to rest. Afterwards, I'll have more strength than before, and I'll be able to jump higher."

It's very hot today. Under the tree, the fox is very comfortable. She goes to sleep and dreams of the apples, the pears and the oranges. She's starving!

Una hora después, la zorra se despierta y empieza a saltar de nuevo. Salta más que antes. Pero no es suficiente. El árbol es demasiado alto. Pero la zorra no se para. Salta, salta y salta. Sin embargo, todo es inútil.

A la zorra le duelen las patas y está muy cansada. Ya no quiere saltar más. Entonces, se aleja del árbol y grita:

—¡Bah! ¿Quién quiere comer esta fruta? Seguro que las manzanas y las naranjas están demasiado ácidas. Y las peras parecen demasiado duras. Además, a mí no me gusta la fruta.

Moraleja: A veces, la gente odia lo que no puede conseguir.

An hour later, the fox wakes up and starts jumping again. She jumps more than before. But it's not enough. The tree is too tall. But the fox doesn't stop. She jumps and jumps and jumps. However, everything is useless.

The fox's legs hurt, and she's exhausted. She doesn't want to jump anymore. So, she walks away from the tree and yells:

"Bah! Who wants to eat this fruit? Surely, the apples and the oranges are too acidic. And the pears seem to be too hard. Besides, I don't like fruit anyway."

Moral: Sometimes, people hate what they can't achieve.

Ejercicios

1 Pon las frases en el orden correcto:
Put the sentences in the correct order:

1. La zorra empieza a saltar para coger una manzana.
2. La zorra se echa a dormir bajo el árbol.
3. Un hora después, la zorra se despierta.
4. La zorra busca algo para comer y vé arboles con fruta.
5. La zorra se acerca a un árbol con peras.
6. "A mí no me gusta la fruta" —grita la zorra.

2 Verdadero (V) o falso (F)?
True or false?

1. Las ramas de los árboles están muy altas.
2. La zorra sabe que comer fruta es bueno para la salud.
3. La pera es su fruta favorita.
4. El árbol con naranjas no es alto, pero la zorra no puede coger ninguna fruta.
5. La zorra sueña con las manzanas, peras y naranjas.
6. La zorra no quiere la fruta porque está ácida y dura.

3 Completa las frases con las siguientes palabras:
Complete the sentences using the following words:

saltar / tanta / alrededor / bueno /
debajo / lleno

1. Nunca he visto _____ comida junta.
2. La zorra empieza a _____ para coger una manzana.
3. Comer fruta es _____ para la salud.
4. La zorra mira a su _____ y ve un árbol.
5. La zorra va a un árbol _____ de naranjas.
6. _____ de este árbol hay sombra.

4 Combina las columnas:
Combine both columns:

1. La zorra tiene mucha   a. altas
2. Las ramas están muy   b. duras
3. La zorra se echa a   c. perder
4. A la zorra no le gusta   d. hambre
5. La zorra se aleja del   e. árbol
6. Las peras parecen demasiado   f. dormir

Soluciones

Ejercicio 1: El orden correcto es 4, 1, 5, 2, 3, 6
Ejercicio 2: 1-V, 2-V, 3-F, 4-F, 5-V, 6-F
Ejercicio 3: 1-tanta, 2-saltar, 3-bueno, 4-alrededor,
5-lleno, 6-Debajo
Ejercicio 4: 1-d, 2-a, 3-f, 4-c, 5-e, 6-b

¿Quién es el mejor?
Who is the best?

Vocabulario

1. mundo	world
2. especial	special
3. tener miedo	to be afraid
4. león	lion
5. pasear	to go for a walk
6. nunca	never
7. decir	to say
8. peor	worse
9. responder	to answer
10. palabra	word
11. cueva	cave
12. a menudo	often
13. Hace calor	It's hot
14. dentro	inside
15. hormiga	ant
16. vivir	to live
17. valiente	brave
18. reírse	to laugh
19. tontería	nonsense
20. roca	rock
21. enorme	huge
22. sin embargo	however
23. agujero	hole
24. salida	exit
25. cerrar	to close

¿Quién es el mejor?

Audio 4

¿Te gustan los animales? ¿Cuál es tu animal favorito? ¿Cuál es el mejor animal del mundo? Esta es una pregunta difícil, ¿verdad?

Nuestra historia trata de un elefante muy especial. Piensa que es el mejor animal del mundo. Es grande y fuerte. Los otros animales le tienen miedo. Incluso el león le tiene miedo.

A este elefante le gusta pasear. A menudo, pasea por el bosque. Ahí viven muchos animales. Cuando lo ven, siempre le dicen "Hola, señor elefante". El elefante nunca responde y sigue su camino sin decir nada. ¡Es muy arrogante!

Who is the best?

Do you like animals? What is your favourite animal? What's the best animal in the world? It's a difficult question, isn't it?

Our story is about a very special elephant. He thinks that he's the best animal in the world. He's big and strong. Other animals are afraid of him. Even the lion is scared of him.

This elephant likes to go for walks. He often goes for a walk in the forest. Many animals live there. When they see him, they always say to him, "Hello, Mr. Elephant." The elephant never replies and continues on his way without saying anything. He's very arrogant!

—¿Por qué tengo que hablar con los otros animales? —piensa el elefante—. Ellos son peores que yo. Todos deben respetarme.

Un día, el elefante decide pasear por las montañas. Como siempre, todos los animales le dicen "Hola, señor elefante". El elefante, como siempre, no dice ni una palabra.

En las montañas, hay muchas cuevas. El elefante descansa a menudo en ellas. El elefante encuentra una donde no hace calor y hay mucho espacio.

Dentro de esa cueva viven unas hormigas. Son pequeñas pero muy valientes. Una de ellas va hacia el elefante y le dice:

—¡Hey, elefante! ¡Sí, tú! Tengo una pregunta para ti. ¿Por qué nunca me dices nada? Yo siempre te digo "hola" y tú nunca respondes.

"Why do I have to talk to the other animals?" the elephant thinks. "They are worse than me. Everyone should respect me."

One day, the elephant decides to go for a walk in the mountains. As usual, all the animals say to him, "Hello, Mr. Elephant". The elephant, as usual, doesn't say a word.

In the mountains, there are many caves. The elephant often rests inside them. The elephant finds a spacious one where the heat doesn't enter.

Inside this cave live some ants. They're small but very courageous. One of them goes to the elephant and tells him:

"Hey, elephant! Yes, you! I have a question to ask you. Why don't you ever say anything to me? I always say "hello" to you, and you never reply."

—¿Pero tú quién eres? —se ríe el elefante— ¿El animal más pequeño del mundo?

—Sí, las hormigas somos pequeñas, pero no somos peores que tú. Tú eres grande y fuerte. Por eso, piensas que eres el mejor. Pero eso no es cierto.

El elefante no quiere escucharla.

—Qué hormiga más estúpida —piensa el elefante y se ríe—. ¡Ja, ja, ja! ¡Qué tonterías dice! ¡Ja, ja, ja!

El elefante se ríe tanto, que comienzan a caer rocas de la montaña. Una roca enorme cae delante de la cueva y cierra la salida. La roca es demasiado pesada. El elefante es grande y fuerte, pero no puede mover la roca. Sin embargo, las hormigas encuentran un pequeño agujero y escapan fácilmente de la cueva.

—¡Hey, elefante! ¿Quién es ahora el mejor animal del mundo? —pregunta la hormiga.

"But who are you?" the elephant laughs. "The smallest animal in the world?"

"Yes, we ants are small, but we are not worse than you. You are big and strong. That's why you think you're the best. But that's not true."

The elephant doesn't want to listen to her.

"What a stupid ant," the elephant thinks and laughs. "Ha ha ha! What nonsense she talks! Ha ha ha!"

The elephant laughs so much that rocks start falling from the mountain. A huge rock falls in front of the cave and closes the exit. The rock is too heavy. The elephant is big and strong, but he cannot move the rock. However, the ants find a small hole and easily escape from the cave.

"Hey, elephant! Who is now the best animal in the world?" asks the ant.

Ejercicios

1 Pon las frases en el orden correcto:
Put the sentences in the correct order:

1. La hormiga dice al elefante que las hormigas no son peores que él.
2. El elefante se ríe mucho.
3. La roca es pesada y el elefante no puede moverla.
4. El elefante pasea por las montañas y encuentra una cueva.
5. Las hormigas escapan fácilmente de la cueva.
6. Una roca enorme cae y cierra la salida.

2 Verdadero (V) o falso (F)?
True or false?

1. El león también tiene miedo al elefante.
2. El elefante nunca saluda a los otros animales.
3. El elefante vive en una cueva.
4. Las hormigas son fuertes y mueven la roca.
5. Las hormigas encuentran un agujero y escapan de la cueva.
6. Las rocas caen de la montaña, porque el elefante es demasiado pesado.

3 Completa las frases con las siguientes palabras:
Complete the sentences using the following words:

mover / trata / sigue / delante /
agujero / peores

1. Nuestra historia _____ de un elefante muy especial.
2. Una roca enorme cae _____ de la cueva.
3. El elefante _____ su camino sin decir nada.
4. El elefante no puede _____ la roca.
5. El elefante piensa que otros animales son _____ que él.
6. Las hormigas encuentran un pequeño _____ y escapan.

4 Combina las columnas:
Combine both columns:

1. El elefante es muy   a. la salida
2. Una roca enorme cierra   b. arrogante
3. Las rocas caen de   c. tonterías
4. Todos los animales deben   d. respetarme
5. La hormiga dice   e. espacio
6. Aquí no hace calor y hay mucho   f. la montaña

Soluciones

Ejercicio 1: El orden correcto es 4, 1, 2, 6, 3, 5
Ejercicio 2: 1-V, 2-V, 3-F, 4-F, 5-V, 6-F
Ejercicio 3: 1-trata, 2-delante, 3-sigue, 4-mover,
5-peores, 6-agujero
Ejercicio 4: 1-b, 2-a, 3-f, 4-d, 5-c, 6-e

Patatas deliciosas
Delicious potatoes

Vocabulario

1.	viejo	old
2.	joven	young
3.	huerto	vegetable garden
4.	vaca	cow
5.	pueblo	village
6.	cebolla	onion
7.	zanahoria	carrot
8.	fácil	easy
9.	mañana	morning
10.	fresco	fresh
11.	temprano	early
12.	después	afterwards
13.	dar de comer	to feed
14.	verdura	vegetable
15.	cena	dinner
16.	vago	lazy
17.	tarde	late
18.	preparar	to prepare
19.	cenar	to have dinner
20.	contento	happy, glad
21.	frito	fried
22.	mesa	table
23.	¡Qué asco!	Gross!, Yuck!
24.	fregar los platos	to do the dishes
25.	limpiar	to clean

Patatas deliciosas

Una madre y su hijo viven en un pueblo. La madre es vieja. El hijo es joven y fuerte. Tienen un gran huerto y una vaca.

La vida en el pueblo es muy tranquila. En el huerto hay patatas, tomates, cebollas y zanahorias. Y la vaca da mucha leche. Pero vivir en el pueblo no es fácil porque siempre hay mucho trabajo.

Todas las mañanas, la madre se levanta muy temprano. Trabaja en el huerto todo el día. Después, tiene que dar de comer a la vaca. Por la tarde, coge verduras frescas y prepara la cena.

Delicious potatoes

A mother and her son live in a village. The mother is old. The son is young and strong. They have a large vegetable garden and a cow.

Life in the village is very peaceful. In the garden, there are potatoes, tomatoes, onions and carrots. And the cow gives a lot of milk. But living in a village is not easy because there is always a lot of work.

Every morning, the mother gets up very early. She works in the garden all day. Afterwards, she has to feed the cow. In the afternoon, she picks fresh vegetables and prepares dinner.

¿Y qué hace su hijo mientras tanto? El hijo es muy vago y descansa todo el día. Le gusta dormir y siempre se levanta tarde. Luego, pasea por el bosque o lee un libro. Y por la tarde, cena y se va a dormir temprano. Su madre no está contenta, pero no dice nada.

Hoy, para cenar, hay patatas fritas.

—Hijo, la cena ya está en la mesa —dice la madre.

El hijo prueba las patatas y dice:

—¿Otra vez patatas? ¡Qué asco! ¿Por qué haces siempre patatas para cenar? No puedo comer esto todos los días.

El hijo deja las patatas en la mesa y se va a dormir. La madre, como siempre, no dice nada. Recoge la mesa, friega los platos, limpia la cocina y también se va a dormir.

And what does her son do in the meantime? The son is very lazy and rests all day. He likes to sleep and always gets up late. Then he goes for a walk in the forest or reads a book. And in the evening, he has dinner and goes to bed early. His mother is not happy, but she doesn't say anything.

Today, for dinner, there are fried potatoes.

"Son, dinner is already on the table," the mother says.

The son tastes the potatoes and says:

"Potatoes again? Gross! Why do you always make potatoes for dinner? I can't eat this every day."

The son leaves the potatoes on the table and goes to sleep. The mother, as usual, says nothing. She clears the table, does the dishes, cleans the kitchen, and goes to sleep too.

A la mañana siguiente, la madre despierta a su hijo muy temprano y le dice:

—Hoy vamos a trabajar juntos.

Hace mucho calor, pero trabajan todo el día. No descansan ni un minuto. Por la tarde, llegan a casa muy cansados. El hijo pregunta a su madre:

—¿Qué hay para cenar? Tengo mucha hambre.

—¿Quieres patatas? —pregunta la madre—. Las puedo preparar en un minuto.

—Sí, por favor. —responde el hijo.

La madre pone las patatas sobre la mesa. El hijo las come rápidamente y dice:

—¡Estas patatas están muy buenas! ¿Cómo las haces? ¿Es una receta nueva?

—Claro que no, hijo mío —responde la madre—. Estas son las patatas de ayer. La comida sabe mejor cuando tienes hambre de verdad.

The following morning, the mother wakes her son up very early and tells him:

"Today, we're going to work together."

It's very hot, but they work all day. They don't rest even for a minute. In the evening, they come home very tired. The son asks his mother:

"What's for dinner? I'm starving."

"Do you want potatoes?" the mother asks. "I can prepare them in a minute."

"Yes, please," the son replies.

The mother puts the potatoes on the table. The son eats them quickly and says:

"These potatoes are very delicious! How do you make them? Is it a new recipe?"

"Of course not, my son," the mother replies. These are yesterday's potatoes. Food tastes better when you're really hungry.

Ejercicios

1 ¿Verdadero (V) o falso (F)?
True or false?

1. La vida en el pueblo es muy fácil.
2. El hijo trabaja en el huerto todos los días.
3. Por la tarde, el hijo se va a dormir temprano.
4. La madre siempre friega los platos.
5. El hijo no come las patatas y la madre prepara algo nuevo.
6. Cuando el hijo tiene hambre, las patatas de ayer saben mejor.

2 Escoge la respuesta correcta
Choose the correct answer

1. ¿Dónde viven la madre y el hijo?
a) en una ciudad b) en un pueblo c) en la huerta
2. ¿Qué animal tienen?
a) un gato b) un perro c) una vaca
3. ¿Qué cocina la madre a menudo?
a) patatas b) carne c) tomates
4. ¿Qué hace el hijo?
a) descansar b) dar de comer a la vaca c) lavar los platos
5. ¿Por qué el final las patatas saben bien?
a) porque es una receta nueva b) porque son frescas
c) porque el hijo tiene hambre

3 — Completa las frases con las siguientes palabras: / Complete the sentences using the following words:

fuerte / verduras / sabe / vago /
temprano / friega

1. La madre es vieja y el hijo es joven y _____ .
2. La madre se levanta _____ .
3. Por la tarde, la madre coge las _____ frescas.
4. El hijo es muy _____ y descansa todo el día.
5. La madre _____ los platos.
6. La comida _____ mejor cuando tienes hambre.

4 — Combina las columnas: / Combine both columns:

1. Llegan a casa muy   a. zanahorias
2. En el huerto hay   b. el bosque
3. No descansan ni   c. leche
4. La vaca da mucha   d. contenta
5. El hijo pasea por   e. cansados
6. La madre no está   f. un minuto

Soluciones

Ejercicios 1: 1-F, 2-F, 3-V, 4-V, 5-F, 6-V
Ejercicios 2: 1-b, 2-c, 3-a, 4-a, 5-c
Ejercicios 3: 1-fuerte, 2-temprano, 3-verduras, 4-vago,
5-friega, 6-sabe
Ejercicios 4: 1-e, 2-a, 3-f, 4-c, 5-b, 6-d

Buenos vecinos
Good neighbours

Vocabulario

1. liebre	hare
2. deporte	sport
3. correr	to run
4. ocurrir	to happen
5. extraño	strange
6. enfermo	sick, ill
7. cuerpo	body
8. garganta	throat
9. oreja	ear
10. pata	leg (of an animal), paw
11. cama	bed
12. vecino	neighbour
13. caracol	snail
14. estupendo	wonderful
15. pobre	poor
16. ¡Qué pena!	What a pity!
17. medicina	medicine
18. preocuparse	to worry
19. crecer	to grow
20. ventana	window
21. noticias	news
22. lento	slow
23. por fin	finally, at last
24. ahora mismo	right now
25. hierba	grass, herb

Buenos vecinos

En un bosque, debajo de un árbol, vive una liebre. Todas las mañanas, la liebre hace deporte. Corre muy rápido y salta muy alto.

Pero hoy ha ocurrido algo extraño. La liebre ni corre ni salta. Está enferma. Le duele todo el cuerpo. Le duele la garganta. Le duelen las orejas. Le duelen las patas. No puede hacer deporte. Solo puede estar en la cama.

La liebre tiene un buen vecino. Es un caracol. Es muy lento, como todos los caracoles.

—Hola, liebre. ¿Qué haces en casa? —pregunta el caracol—. Hoy hace un día estupendo.

Good neighbours

In a forest, under a tree, lives a hare. Every morning, the hare does sports. She runs very fast and jumps very high.

But today something strange has happened. The hare neither runs nor jumps. She's sick. Her whole body aches. Her throat hurts. Her ears hurt. Her legs hurt. She can't do sports. She can only be in bed.

The hare has a good neighbour. It's a snail. He is very slow, like all snails.

"Hello, hare. What are you doing at home?" the snail asks. "Today, the weather is wonderful."

—¡Ay, querido caracol! —responde la liebre—. No puedo pasear. Estoy enferma. Me duelen las patas, la garganta, la espalda y hasta las orejas. No me puedo mover.

—¡Ay, pobre liebre! ¡Qué pena verte así! ¿Tienes que tomar alguna medicina? —pregunta el caracol.

—Sí, así es. Necesito una medicina especial para liebres. Es una hierba que crece muy cerca de aquí. Pero, como ves, yo no puedo ir.

—No te preocupes —contesta el caracol—. ¿Dónde está esa hierba? Yo puedo ir a buscarla.

—Ay, muchísimas gracias, caracol. Eres un amigo de verdad —responde la liebre y explica al caracol dónde crece esta hierba especial.

—Perfecto. Ahora mismo voy por tu medicina —responde el caracol y se va.

"Oh, dear snail," the hare replies. "I can't go for a walk. I'm sick. My legs, my throat, my back and even my ears hurt. I can't move."

"Oh, poor hare! What a pity to see you like this! Do you have to take any medicine?" the snail asks.

"Yes, that's right. I need a special medicine for hares. It's a herb that grows very close to here. But, as you can see, I can't go.

"Don't worry," replies the snail. "Where's that herb? I can go and get it."

"Oh, thank you very much, snail. You're a true friend," the hare answers and explains to the snail where this special herb grows.

"Perfect. I'm going to get your medicine right away," the snail answers and leaves.

Pasa el tiempo. La liebre mira por la ventana y espera al caracol. Después de comer, vuelve a mirar por la ventana.

—Pero, ¿dónde está este caracol? —piensa la liebre.

Una hora más tarde, la liebre aún no tiene noticias de su vecino.

—¡Qué animal más lento! —grita la liebre—. ¿Dónde está? ¿Cuándo va a venir?

—¿Estás hablando de mí? —dice una voz. La liebre mira por la ventana y ve al caracol.

—¡Vaya, por fin estás aquí! —responde la liebre—. ¿Dónde has estado todo este tiempo? ¿Tienes mi medicina?

—¿Tu medicina? —responde el caracol sorprendido—. He salido de casa hace solo dos horas. Aún estoy de camino.

Time passes. The hare looks out the window and waits for the snail. After having lunch, she looks out the window again.

"But where is this snail?" thinks the hare.

An hour later, the hare still hasn't heard from her neighbour.

"What a slow animal!" shouts the hare. "Where is he? When is he coming?"

"Are you talking about me?" a voice says. The hare looks out the window and sees the snail.

"Wow, you're finally here!" the hare replies. "Where have you been all this time? Do you have my medicine?"

"Your medicine?" replies the snail surprised. "I only left home two hours ago. I'm still on my way."

Ejercicios

---

1 ¿Verdadero (V) o falso (F)?
True or false?

1. El caracol y la liebre son vecinos.
2. A la liebre le duelen las orejas, la garganta y las patas.
3. El caracol es vago y no quiere ir a buscar la hierba.
4. El caracol es lento, como todos los caracoles.
5. La hierba que necesita la liebre crece muy cerca.
6. El caracol no puede ir rápido porque está enfermo también.

2 Escoge la respuesta correcta:
Choose the correct answer:

1. ¿Dónde vive la liebre?
a) en la hierba b) debajo de un árbol c) cerca de un lago

2. ¿Por qué la liebre está en casa?
a) es vaga b) no quiere salir c) está enferma

3. ¿Qué necesita la liebre?
a) una casa nueva b) una hierba especial
c) un buen vecino

4. ¿Qué hace el caracol?
a) ir a buscar la hierba b) cocinar c) hacer deporte

5. ¿Cuánto tiempo espera la liebre al caracol?
a) cinco minutos b) dos días c) varias horas

3 Completa las frases con las siguientes palabras:
Complete the sentences using the following words:

cuerpo / corre / crece / noticias /
por fin / estupendo

1. La liebre ni _____ ni salta.
2. Le duele todo el _____ .
3. La liebre explica al caracol dónde _____ la hierba especial.
4. ¡Hoy hace un día _____ !
5. La liebre no tiene _____ de su vecino.
6. ¡Vaya, _____ estás aquí! – responde la liebre.

4 Combina las columnas:
Combine both columns:

1. La liebre no puede hacer   a. de aquí
2. Hoy ha ocurrido algo   b. vecino
3. Esta hierba crece cerca   c. extraño
4. La liebre tiene un buen   d. camino
5. El caracol aún está de   e. la ventana
6. La liebre vuelve a mirar por   f. deporte

Soluciones

Ejercicios 1: 1-V, 2-V, 3-F, 4-V, 5-V, 6-F
Ejercicios 2: 1-b, 2-c, 3-b, 4-a, 5-c
Ejercicios 3: 1-corre, 2-cuerpo, 3-crece, 4-estupendo,
5-noticias, 6-por fin
Ejercicios 4: 1-f, 2-c, 3-a, 4-b, 5-d, 6-e

Notas

Notas